Lesegeschichten A2

Gisela Darrah

© 2020

Herstellung und Verlag: BoD – Books on Demand, Norderstedt

ISBN: 978-3-7526-2437-3

Inhaltsverzeichnis

1. Streit im Haus

Ich wohne im Erdgeschoss in einem Mietshaus. Meine Wohnung gefällt mir gut, sie ist hell und hat eine große Terrasse. Im Sommer sitze ich dort und freue mich über das tolle Wetter.

Die Wohnung ist auch nicht zu teuer, die Miete mit Nebenkosten ist günstig. Wir haben einen netten Hausmeister, der den Garten pflegt.

Sie denken, das ist alles sehr schön, nicht wahr?

Leider ist es nicht so. Über mir wohnt eine Familie mit drei Kindern. Die Mutter macht ihre Teppiche jede Woche sauber und schüttelt sie über meiner Terrasse aus.

Was soll ich machen? Ich habe schon mit der Familie geredet. Sie haben gesagt: „Ok. Wir machen das nicht mehr."

Drei Wochen lang war es besser. Ich war sehr froh.

Dann habe ich meinen Geburtstag gefeiert. Ich war mit meinen Gästen draußen auf der Terrasse. Plötzlich haben wir gesehen, wie die Nachbarin ihren Teppich über uns ausschüttelt. Wir haben laut gerufen: „Halt, stopp!"

Aber auf dem Tisch war schon Staub.

Ich habe an die Hausverwaltung geschrieben.

Die Hausverwaltung hat eine Mitteilung an alle Mieter geschrieben und in den Hausflur gehängt:

…..

An alle Hausbewohner!

Bitte schütteln Sie Ihre Teppiche nicht auf dem Balkon aus.

…..

Ich glaube nicht, dass sich dadurch etwas ändert. Was denken Sie?

1. Markieren Sie im Text:

1. Was ist das Problem?
2. Warum gefällt mir die Wohnung?
3. Was hat die Hausverwaltung gemacht?
4. Wo war ich mit meinen Gästen bei meinem Geburtstag?
5. Ist das Problem jetzt gelöst?

2. Diskutieren Sie über das Problem. Erzählen Sie über eigene Erfahrungen mit Nachbarn.

3. Lesen Sie den Text noch einmal. Sind diese Sätze richtig oder falsch? Markieren Sie.

1. Die Wohnung ist hell.   R / F
2. Die Terrasse ist klein.   R / F
3. Der Hausmeister macht seine Arbeit gut.   R / F
4. Die Wohnung ist zu teuer.   R / F
5. Über mir wohnt eine Familie mit drei Kindern.   R / F
6. Wir haben schon mit der Familie geredet.   R / F

4. Schreiben Sie die Sätze im Perfekt:

1. Ich rede mit der Familie.

....

2. Die Hausverwaltung schreibt an alle Mieter.

....

3. Die Nachbarin schüttelt ihren Teppich aus.

....

2. **Wann kommt ihr zum Essen?**

Wir sind eine typisch deutsche Familie, denke ich. Morgens frühstücken wir Müsli oder Brot mit Butter und Marmelade. Mittags zwischen 12 und 14 Uhr essen wir warmes Essen, zum Beispiel Hähnchen mit Reis und Salat. Am Nachmittag zwischen 15 und 16 Uhr trinken wir Kaffee und essen dazu oft ein Stück Kuchen, manchmal selbst gebacken, manchmal vom Bäcker gekauft.

Das Abendessen gibt es ungefähr um 19 Uhr. Da essen wir Brot mit Butter, Käse, Wurst und Tomaten oder Gurken.

Unsere Nachbarn kommen aus Tunesien. Ich möchte sie zum Essen einladen. Aber wie soll ich das machen?

Sie frühstücken gar nicht oder am Wochenende so um halb 11. Da essen sie ziemlich viel, gebratene Eier mit scharfer Soße, Salat, Käse, Oliven und manchmal sogar Kartoffeln.

Dann gibt es lange Zeit nichts.

Erst am Abend kocht die Mutter Couscous. Dazu gibt sie Fleisch und Gemüse mit Tomatensoße und viel Peperoni in einen Topf. Der Couscous gart in einem anderen Topf über dem Dampf. Zuletzt wird alles zusammengemischt.

Einmal war ich dort zum Essen. Mein Mund hat gebrannt wie Feuer. Es war so scharf, dass ich Wasser trinken wollte. Aber meine Nachbarn haben gesagt: „Nein, trinke kein Wasser. Dann wird es noch schlimmer."

Ich habe trotzdem Wasser getrunken. Jetzt weiß ich, dass sie Recht hatten.

Die Frage ist, wann ich die Nachbarn zum Essen einladen kann.

Vielleicht 12 Uhr. Sie könnten dann frühstücken und wir könnten zu Mittag essen.

1. Markieren Sie im Text:

1. Wann isst die deutsche Familie zu Mittag?

2. Was essen und trinken sie am Nachmittag?

3. Ist das Abendessen warm?

4. Wann frühstückt die tunesische Familie am Sonntag?

5. Warum soll man bei scharfem Essen kein Wasser trinken?

2. Erzählen Sie. Wann essen und trinken Sie? Was essen und trinken Sie?

3. Lesen Sie den Text noch einmal. Sind diese Sätze richtig oder falsch? Markieren Sie.

1. Mittags essen wir warmes Essen.

2. Am Nachmittag trinken wir Tee.

3. Etwa um 19 Uhr essen wir Brot.

4. Die tunesische Familie kocht scharfes Essen.

5. Ich möchte meine Nachbarn zum Essen einladen.

4. Schreiben Sie die Sätze im Imperativ wie im Beispiel:

Du bringst einen Löffel. – Bring einen Löffel!

Ihr holt ein Messer. – Holt ein Messer!

1. Ihr kocht eine Suppe. - ....

2. Du kaufst Tomaten. - ....

3. Ihr frühstückt im Wohnzimmer. ....

4. Du gibst mir einen Teller. - ....

5. Ihr bringt eine Gabel. - ....

3. Guter Rat

Ich bin nicht krank, aber manchmal bin ich sehr schnell müde und ich habe dann meine Familie und Freunde gefragt: „Was kann ich machen? Ich bin immer so schnell müde."

Andreas hat gesagt: „Du solltest Vitamine nehmen. Jeden Tag alle Vitamine. Dann geht es dir sicher besser."

Marion hat gesagt: „Du solltest natürlich viel mehr Sport machen, jeden Tag ins Fitnessstudio gehen und auch joggen."

Meine Mutter hat gesagt: „Du solltest nicht so viel arbeiten. Und du brauchst viel mehr Schlaf. Du solltest dich viel ausruhen."

Meine Schwester hat gesagt: „Mach es wie ich, ich mache „power napping". Ein kurzer Schlaf von maximal 20 Minuten ist super. Dann fühlst du dich wieder fit."

Mein Freund Ali hat gesagt: „Das wichtigste ist gesundes Essen. Du solltest jeden Tag frisches Gemüse einkaufen und kochen. Dazu Salat und weniger Fleisch. Und die Kohlehydrate wie Brot, Zucker und Nudeln weglassen. Das macht fit."

Danach habe ich erst mal niemanden mehr gefragt. Ich habe alle Ratschläge befolgt. Ich habe Vitamine genommen, Sport gemacht, nicht viel gearbeitet, mehr geschlafen und gesundes Essen gegessen.

Es geht mir gut, aber ich habe ein Problem: Wenn ich das alles mache, wann bitte schön soll ich arbeiten? Ich habe keine Zeit mehr, zur Arbeit zu gehen.

Jetzt brauche ich wieder einen Rat von euch. Wie soll ich das alles schaffen?

1. Markieren Sie im Text:

1. Wie viele Personen hat dieser Mensch um Rat gefragt?

2. Was ist power napping?

3. Was hat der Erzähler der Geschichte jetzt für ein Problem?

4. Welcher Rat gefällt Ihnen am besten?

2. Sprechen Sie über Ihre Gesundheit. Was tun Sie für Ihre Gesundheit?

3. Lesen Sie den Text noch einmal und beantworten Sie diese Fragen:

1. Ist der Erzähler krank?

2. Wie oft soll er Vitamine nehmen?

3. Wie lange dauert das power napping ungefähr?

4. Welche Lebensmittel sind gesund?

4. Schreiben Sie Ratschläge nach diesen Stichworten:

Beispiel: Renate – nicht so viel fernsehen

Renate sagt, ich soll nicht so viel fernsehen.

1. Walter – immer pünktlich sein

2. mein Bruder – oft anrufen

3. der Lehrer – jeden Tag neue Wörter lernen

4. meine Tochter – ein Eis kaufen

5. Fatima – Brot kaufen

4. Das Praktikum

Said kommt aus Marokko. Heute ist sein erster Tag als Praktikant im Krankenhaus. Er siezt die Ärzte und die Patienten, aber die Kollegen sagen: „Wir sagen alle du, du kannst uns auch duzen."

„Gut.", sagt Said. Er findet die Kollegen nett.

Kollege Martin zeigt ihm die Station. Er erklärt ihm, was er tun soll.

Dann soll er das Frühstück an die Patienten verteilen. Manche brauchen Hilfe beim Essen. Manche bekommen Medikamente.

Er macht Betten und duscht Patienten.

Er hat ein bisschen Angst, dass er die Patienten nicht versteht, aber bisher hat alles gut geklappt. Manchmal muss er fragen.

Er bekommt einen Plan, auch am Wochenende soll er arbeiten.

Natürlich, sagt er. Die Patienten wollen auch am Samstag und Sonntag etwas essen und sauber sein. Aber er ist nicht jedes Wochenende dran.

Er denkt: „Jetzt bin ich müde. Der erste Tag ist immer schwer.

Aber ich freue mich, dass alles klappt. Zu Hause ruhe ich mich ein bisschen aus. Vielleicht gefällt mir dieser Beruf und ich mache eine Ausbildung zum Krankenpfleger."

1. Markieren Sie im Text:

1. Woher kommt Said?

2. Wo macht er ein Praktikum?

3. Warum duzt er die Kollegen?

4. Was macht er im Krankenhaus am Morgen?

5. Hat er am Wochenende frei?

2. Wer arbeitet im Krankenhaus? Welche Berufe gibt es da?

3. Lesen Sie den Text noch einmal. Sind diese Sätze richtig oder falsch?

1. Said duzt die Ärzte.

2. Kollege Martin zeigt ihm die Station.

3. Manche Patienten bekommen Medikamente.

4. Said hat keine Angst.

5. Nach der Arbeit ist er müde.

6. Er will vielleicht eine Ausbildung zum Krankenpfleger machen.

4. Schreiben Sie Sätze im Perfekt mit diesen Stichworten.

1. Said – verteilen – Medikamente

....

2. Er – machen – Betten

....

5. Meine Schulzeit

Mit sechs Jahren bin ich in die Grundschule gegangen. In der Klasse waren nur Mädchen. Dort hatte ich vier Jahre lang eine nette Lehrerin. Nach der vierten Klasse bin ich dann ins Gymnasium gekommen. Plötzlich war alles anders. In meiner Klasse waren auch Jungen. Das war neu für mich. Ich brauchte jetzt eine Brille, daran musste ich mich auch erst gewöhnen.

Für jedes Fach gab es dann eine andere Lehrerin oder einen anderen Lehrer. Es war nicht so schön wie in der Grundschule. Nicht alle Lehrer waren so nett.

Als ich 16 Jahre alt war, wollte ich gern eine Ausbildung machen. Immer nur lernen, das war so langweilig. Ich schickte eine Bewerbung an eine Schule für Krankengymnastik. Ich bekam eine Einladung zu einem Test. Als ich dort war, war ich sehr überrascht. Es kamen 50 Bewerber und es gab nur 10 Plätze. Nach einer Woche bekam ich eine Antwort. Leider war ich nicht bei den 10 Personen, die an der Schule eine Ausbildung machen konnten.

So lernte ich weiter im Gymnasium und machte Abitur. Danach studierte ich an der Pädagogischen Hochschule. Ich wollte Lehrer werden. Meine Fächer waren Deutsch und Kunst.

Bis heute habe ich diese Fächer am liebsten. Mathematik hat mir nicht so viel Spaß gemacht, aber ich habe es gelernt.

Nun bin ich selbst Lehrerin und unterrichte Deutsch. An der Tafel kann ich zeichnen. Immer wieder kommen Fragen: Was bedeutet dieses Wort? Viele Wörter kann ich zeichnen. Es ist wie eine Sprache für alle. Manche Wörter kann man nicht zeichnen.

1. Markieren Sie im Text.

1. Wie viele Jahre bin ich in die Grundschule gegangen?

2. Waren alle Lehrer im Gymnasium nett?

3. Welchen Beruf wollte ich lernen, als ich 16 Jahre alt war?

4. Wie viele Plätze gab es an der Schule?

5. Wo habe ich dann studiert?

6. Welche Fächer hatte ich am liebsten?

2. Erzählen Sie von ihrer Schule oder ihrer Berufsausbildung.

3. Lesen Sie den Text noch einmal. Sind diese Sätze richtig oder falsch?

1. Meine Grundschullehrerin war nett.

2. Mit 6 Jahren bekam ich eine Brille.

3. Mit 16 Jahren wollte ich Abitur machen.

4. Ich bekam einen Platz in der Schule für Krankengymnastik.

5. Ich habe an der Pädagogischen Hochschule studiert.

6. Jetzt bin ich Lehrerin.

4. Setzen Sie diese Wörter an den passenden Stellen ein:

....

gelernt – gemacht – studiert – geschickt – gezeichnet

....

1. Veronika hat an der Universität ....

2. Mit 6 Jahren habe ich lesen und schreiben ....

3. Ahmad hat ein Bild ....

4. Hatice hat eine Ausbildung zur Krankenschwester ....

5. Ich habe eine Bewerbung an die Schule ....

6. Feste durch das Jahr

Das Jahr beginnt mit dem 1. Januar. Das ist ein Feiertag und man feiert „Neujahr". Viele Menschen haben am Abend zuvor, zu „Silvester", schon lange gefeiert und schlafen erst einmal lange.

Am 14 Februar ist Valentinstag, das ist kein Feiertag, nur ein Tag, wo Verliebte sich Grüße und Geschenke schicken oder Freunde sich Karten schicken.

Auch der Karneval wird meistens im Februar gefeiert. Menschen verkleiden sich in bunten Kostümen und haben Spaß daran, einmal anders zu sein als sonst. Der Karneval heißt auch Fastnacht oder Fasching. Am Aschermittwoch ist er vorbei und bei katholischen Menschen beginnt eine Fastenzeit bis Ostern.

Ostern ist immer an einem Sonntag und Montag. Es gibt viele Bräuche, die mit Osterhasen und Eiern zu tun haben, und Ostern ist auch ein Frühlingsfest.

Am 1. April machen die Leute Witze miteinander. Sie sagen zum Beispiel: „Da ist ein Fleck auf deiner Jacke." Aber das stimmt nicht, und dann sagen sie: „April, April." Das kommt wohl von dem Wetter im April, einmal scheint die Sonne, einmal schneit es, man weiß nie, was richtig ist und was nicht.

Über das Jahr hinweg gibt es noch viele kleine Feste und Feiern Wir springen jetzt mal in den Oktober. Am letzten Tag im Oktober ist Halloween, wo sich Kinder verkleiden und in der Dunkelheit von Haus zu Haus ziehen. Sie bekommen Süßigkeiten.

Am 6. Dezember ist in Deutschland Nikolaustag. Kinder bekommen einen Nikolaus aus Schokolade.

Am 24. Dezember ist der Heilige Abend. Familien treffen sich und essen zusammen zu Abend. Der 25. und der 26. Dezember sind die Weihnachtsfeiertage. Einige Tage später, am 31. Dezember, ist wieder Silvester, wo unsere kleine Geschichte angefangen hat.

1. Markieren Sie im Text:

1. Was für ein Tag ist der 14. Februar?
2. Was macht man im Karneval?
3. An welchen Wochentagen ist Ostern?
4. An welchem Tag machen die Leute Witze?
5. Wann ist in Deutschland der Nikolaustag?

2. Gibt es in Ihrer Kultur andere Feste? Erzählen Sie.

3. Lesen Sie den Text noch einmal. Sind diese Sätze richtig oder falsch? Markieren Sie:

1. Neujahr ist ein Feiertag.
2. Der Valentinstag ist ein Feiertag.
3. Am 1. April kommt der Osterhase.
4. Zu Halloween verkleiden sich die Kinder.
5. Am Heiligen Abend treffen sich Familien und essen zusammen.

4. Was sagt man zu den Festen? Ordnen Sie zu:

Ostern – Halloween – Weihnachten - Neujahr – 1. April

Fröhliche Weihnachten! – April, April! – Frohe Ostern!
Ein gutes neues Jahr! – Süßes oder Saures!

7. Der Einkauf in der Stadt

Frau Meier sagt zu ihrem Mann: „Ich gehe heute Kleidung kaufen. Ich fahre in die Stadt und gehe ins Kaufhaus. Dort finde ich sicher etwas für die Hochzeit von meiner Schwester."

Ihr Mann sagt: „Viel Spaß beim Einkaufen."

Er denkt: „Hoffentlich gibt sie nicht so viel Geld aus."

Zuerst geht Frau Meier in ein Kaufhaus. Aber die Sachen gefallen ihr nicht. Eine Bluse findet sie schön, aber sie passt nicht. Sie möchte ja auch lieber ein Kleid. Für eine Hochzeit ist ein Kleid schöner.

Dann geht sie in eine kleine Boutique. Da gibt es tolle Sachen, doch leider nicht in ihrer Größe und in ihrer Lieblingsfarbe.

„Schade", denkt sie und will gerade aus dem Geschäft gehen.

Da sieht sie ein langes, cremefarbenes Kleid mit einem passenden Schal. Sehr elegant.

„Das könnte meine Größe sein.", denkt sie und nimmt das Kleid mit in die Umkleidekabine. Wirklich, es passt.

„Oh, ich habe gar nicht nach dem Preis geschaut.", fällt ihr jetzt ein.

Sie schaut auf das Preisschild. Das Kleid ist reduziert!

Es hat vorher 189 € gekostet, jetzt nur noch 79 €.

Super. Sie geht zur Kasse und bezahlt das Kleid.

„Jetzt brauche ich aber noch passende Schuhe."

Sie geht zum Schuhgeschäft.

1. Markieren Sie im Text:

1. Warum braucht Frau Meier ein neues Kleid?

2. Was denkt Herr Meier?

3. In welche Geschäfte geht Frau Meier?

4. Ist das Kleid teuer?

5. Was braucht Frau Meier jetzt noch?

2. Welches Kleidungsstück haben Sie zuletzt gekauft?

Erzählen Sie (Farbe, Größe, Geschäft, Preis).

3. Lesen Sie den Text noch einmal. Sind diese Sätze richtig oder falsch?

1. Frau Meier will eine Bluse kaufen.

2. Herr Meier denkt: „Hoffentlich gibt sie nicht so viel Geld aus."

3. Frau Meier kauft ein Kleid im Kaufhaus.

4. Das Kleid ist reduziert.

5. Sie braucht noch eine passende Jacke.

4. Setzen Sie ein: mir – dir – ihnen – uns

1. Herr und Frau Meier sagen: Das Kleid gefällt ....

2. Frau Meier denkt: Das Kleid gefällt ....

3. Die Leute auf der Hochzeit sehen das Kleid. Frau Meier denkt: „Hoffentlich gefällt .... das Kleid.

4. Herr Meier sagt: Das Kleid steht .... sehr gut.

8. Gesundheit und Fitness

„Hallo, Martin. Wohin gehst du?"

„Hallo, Samir. Ich gehe ins Fitnessstudio."

„Ach so. Treibst du viel Sport?"

„Ja, ich gehe jeden Tag eine Stunde ins Studio. Das ist sehr wichtig für mich. Da fühle ich mich gesund und fit. Und du? Treibst du auch Sport?"

„Manchmal. Ich gehe ab und zu spazieren oder schwimmen. Ich habe keine Zeit für Sport, ich muss viel lernen."

„Wenn du Sport treibst, kannst du doch viel besser lernen, weil du fit bist und nicht immer müde."

„Meinst du? Ich weiß nicht."

„Komm doch mal mit ins Fitnessstudio. Eine Probestunde ist kostenlos. Dann siehst du, wie es dir gefällt. Und dieses Studio ist nicht so teuer und ohne Zeitvertrag. Man kann jederzeit aufhören."

„Ok. Ich komme heute mal mit."

„Dort lernst du auch nette Leute kennen, und man lernt etwas über gesunde Ernährung und so. Ich würde mich freuen, wenn wir zusammen hingehen könnten."

„Eine Stunde am Tag? Ich überlege es mir."

1. Markieren Sie im Text.

1. Wie oft geht Martin ins Fitnessstudio?

2. Treibt Samir auch Sport?

3. Wie viel kostet eine Probestunde im Studio?

4. Muss man in diesem Studio einen Zeitvertrag abschließen?

5. Möchte Samir eine Probestunde machen?

2. Treiben Sie Sport? Was denken Sie über Sport?

3. Lesen Sie den Text noch einmal. Sind diese Sätze richtig oder falsch?

1. Samir geht ab und zu spazieren.

2. Martin geht jeden Tag zwei Stunden ins Fitnessstudio.

3. Samir muss viel lernen.

4. Das Fitnessstudio ist teuer.

5. Im Studio lernt man nette Leute kennen.

4. Wohin + Akkusativ

Schreiben Sie Sätze.

Beispiel: gehen – Schwimmbad

Ich gehe ins Schwimmbad.

1. gehen – Schule ....

2. gehen – Rathaus ....

3. gehen – Park ....

4. gehen – Kino ....

5. gehen – Restaurant ....

9. Die Hochzeitsreise

Fatima und Farid wollen heiraten und dann wollen sie eine Hochzeitsreise machen. „Flitterwochen" sagt man dazu in Deutschland.

Schon vorher machen sie sich viele Gedanken.

Fatima sagt: „Ich möchte in ein Land reisen, wo es schön warm ist. Da möchte ich am Strand liegen und das Mittelmeer rauschen hören."

Farid sagt: „Das ist zu teuer. Ich kann nicht so viel bezahlen. Wir können doch auch im Schwarzwald Urlaub machen."

„Das ist nicht romantisch.", sagt Fatima. „Das Meer ist viel schöner."

Beinahe kommt es zu einem ersten Streit.

Plötzlich kommt die Corona-Pandemie. Jetzt können Fatima und Farid nicht ins Ausland fahren. Hotels und Pensionen sind geschlossen.

Fatima sagt: „Wir machen irgendwann später eine Reise."

„Ja, das machen wir.", sagt Farid.

Sie streiten nicht mehr.

Die Hochzeit ist sehr schön, aber nicht so viele Leute kommen.

Sie haben Angst vor Corona.

1. Markieren Sie im Text:

1. Wie heißt die Hochzeitsreise auf Deutsch?

2. Wohin möchte Fatima reisen?

3. Warum möchte Farid nicht ans Mittelmeer reisen?

4. Warum können sie nicht ins Ausland reisen?

5. Kommen viele Leute zur Hochzeit?

2. Haben Sie eine Hochzeitsreise gemacht? Oder eine andere Reise?

3. Lesen Sie den Text noch einmal. Sind diese Sätze richtig oder falsch?

1. Fatima und Farid machen sich Gedanken über eine Reise.

2. Fatima möchte in Deutschland Urlaub machen.

3. Farid möchte nach Afrika.

4. Es kommt beinahe zu einem Streit.

5. Sie machen keine Reise, weil sie kein Geld haben.

4. Schreiben Sie Nebensätze mit „weil" mit diesen Stichworten.

Farid – nicht ans Mittelmeer – fahren wollen – zu teuer – sein

....

1. Fatma – ans Mittelmeer –fahren wollen – es romantisch – sein

....

10. Ein Fest im Kindergarten

Heute haben wir diese Einladung vom Kindergarten bekommen:

Liebe Eltern,

wir machen ein großes Sommerfest. Jede Gruppe wird etwas vorführen. Lassen Sie sich überraschen. Es gibt Würstchen vom Grill und Salate, und später Kaffee und Kuchen.

Bitte sagen Sie uns Bescheid, wenn Sie einen Salat oder einen Kuchen mitbringen können. Können Sie auch in der Küche helfen oder im Garten bei den Spielen?

Bitte tragen Sie sich in die Liste ein, was Sie tun können oder wie lange Sie Zeit haben. Geben Sie den Zettel Ihrem Kind mit. Zusammen können wir ein schönes Fest organisieren.

Salat: ....

Kuchen: ....

Mithelfen: ....

Vielen Dank.

Ich denke, ich kann einen Apfelkuchen backen und eine Stunde mithelfen. Hoffentlich wird das Wetter schön und wir haben alle viel Spaß.

1. Markieren Sie im Text:

1. Wann haben wir die Einladung bekommen?

2. Was für ein Fest veranstaltet der Kindergarten?

3. Was gibt es zu essen und zu trinken?

4. Was sollen die Eltern tun?

5. Was kann ich machen?

2. Haben Sie schon einmal an einem Fest in der Schule oder im Kindergarten teilgenommen?

3. Lesen Sie den Text noch einmal. Sind diese Sätze richtig oder falsch?

1. Es gibt Würstchen und Nudeln.

2. Der Kindergarten möchte Kuchen und Salate.

3. Der Kindergarten braucht Hilfe beim Grillen.

4. Die Eltern sollen beim Kindergarten anrufen.

5. Hoffentlich regnet es.

4. Schreiben Sie Sätze mit „wenn".

Beispiel: Sagen Sie uns Bescheid, wenn Sie helfen können.

1. Bescheid sagen – Kuchen mitbringen

2. auf die Liste schreiben – einen Salat machen

3. anrufen – mithelfen können

4. eine Mail schreiben – nicht kommen können

11. Die Senioren-WG

Angelika ist 68 Jahre alt. Sie ist Witwe, ihr Mann ist vor einigen Jahren gestorben. Aber sie lebt nicht gern allein, es ist nicht schön, immer allein zu frühstücken und für eine Person zu kochen. Es ist nicht schön, abends allein in den Fernseher zu schauen. Die Kinder von Angelika wohnen weit weg, in Berlin und in der Schweiz. Dort möchte sie nicht hinziehen, weil sie ihre Freunde und ihre Vereine vermissen würde. Sie ist im Sportverein und macht jeden Mittwoch Gymnastik. Außerdem ist sie im Chor, schon seit vielen Jahren singt sie dort. Nein, das ist sehr wichtig für sie. Bei ihren Kindern möchte sie nicht wohnen, sie braucht auch Menschen in ihrem Alter, die sie gut verstehen.

Sie hat einen Artikel über eine Senioren- WG in einer Zeitung gelesen. Das wäre doch toll. Sie hätte ein eigenes Zimmer und würde mit anderen zusammen kochen, essen und vieles mehr.

Sie erzählt anderen von ihrer Idee und tatsächlich findet sie noch drei Frauen, die auch allein leben, die sich das vorstellen können. Sie mieten eine große Wohnung und ziehen ein.

Sie haben viel Spaß zusammen beim Kochen. Am Abend sehen sie fern und erzählen sich gegenseitig Geschichten aus ihrem Leben.

Angelika ist sehr glücklich über diese WG.

„Hoffentlich verstehen wir uns auch weiterhin so gut.", denkt sie.

1. Markieren Sie im Text:

1. Ist Angelika verheiratet?

2. Warum möchte sie nicht zu ihren Kindern ziehen?

3. Woher hat sie die Idee mit der Senioren-WG?

4. Was machen die Frauen zusammen?

5. Was denkt Angelika?

2. Wie leben Sie? Allein, in einer Familie oder in einer WG? Erzählen Sie oder schreiben Sie.

3. Lesen Sie den Text noch einmal. Sind diese Sätze richtig oder falsch?

1. Angelikas Mann ist gestorben.

2. Sie lebt gern allein.

3. Sie singt in einem Chor.

4. Jetzt lebt sie in einer WG mit fünf anderen Frauen.

5. Sie ist glücklich.

4. Was passt zusammen? Verbinden Sie:

Familie – Wohngemeinschaft – Singlehaushalt – Partnerschaft

allein essen – Kinder erziehen – zwei Personen – Freunde leben zusammen

12. Handy und Co.

Wir leben in einer fantastischen Zeit. Früher musste man eine Landkarte lesen, heute hat man ein Navi. Wenn man seine Tante besuchen wollte, wusste man nicht, ob sie zu Hause ist. Heute schreibt man eine WhatsApp: Hallo, bist du zu Hause? Ich komme zu dir.

Beim Arzt im Wartezimmer war es langweilig, es gab nur einige Zeitungen zu lesen. Heute sitzen die Menschen mit ihren Handys da und unterhalten sich mit ihren Familien, Freunden oder Geschäftspartnern.

Leute haben stundenlang über Fragen des Wissens miteinander diskutiert und keiner hat gegoogelt. Google weiß (fast) alles.

Im Zug saßen die Leute einfach nur da und schauten aus dem Fenster. Heute blicken sie in ihr Notebook und sortieren Fotos oder lesen Artikel oder kommunizieren mit Kunden. Schüler spielen auf dem Handy Spiele und diskutieren über verschiedene Levels.

Zum Fotografieren brauchte man früher eine teure Kamera, ein Stativ, einen Film und viel Zeit. Heute ist das ganz anders. Wenn ich am Weg eine schöne Blume sehe, hole ich mein Handy heraus, das ich sowieso immer dabeihabe. Wenn das Bild gut geworden ist, kann ich es sofort in den sozialen Medien teilen.

Auch wenn es Gefahren wie Mobbing oder Hacker gibt, auch wenn es Kinder gibt, die nicht mehr wissen, was sie ohne Handy machen können, freue ich mich über all die neuen Möglichkeiten.

1. Markieren Sie im Text:

1. Heute haben viele Leute ein Navi.

2. Früher war es im Wartezimmer langweilig.

3. Im Zug haben viele Leute ein Notebook dabei.

4. Fotografieren war früher sehr schwierig.

5. Ich fotografiere unterwegs mit dem Handy.

2. Was machen Sie mit dem Handy oder mit dem Notebook? Erzählen Sie oder schreiben Sie.

3. Lesen Sie den Text noch einmal. Sind diese Sätze richtig oder falsch? Markieren Sie:

1. Früher wusste man immer, ob jemand zu Hause ist.

2. Google weiß fast alles.

3. Im Zug hat man früher einfach aus dem Fenster geschaut.

4. Eine Kamera war früher billig.

5. Ich teile Fotos in sozialen Medien.

4. Welche Wörter gehören zur früheren Zeit, welche zur heutigen Zeit? Schreiben Sie:

Landkarte – Kamera – Lexikon – Google – Navi – Handy – Notebook – WhatsApp – langweilig – aus dem Fenster schauen

Früher: ....

....

Heute: ....

....

13. Die Berufswahl

Ich habe Peter gefragt: „Was möchtest du einmal werden?"

„Feuerwehrmann!", hat er gesagt. Da war er sechs Jahre alt.

„Feuerwehrmann oder Müllmann".

Kleine Jungen finden große Maschinen toll, Feuerwehrautos, Müllautos oder Traktoren.

Mit zwölf Jahren sieht das schon anders aus. Ganz andere Berufswünsche gibt es da. „Ich möchte gern Popsänger werden.", hat Peter gesagt. „Oder Fußballspieler. Die verdienen sehr viel Geld."

Mit achtzehn Jahren steht er jetzt wirklich vor der Berufswahl. Jetzt ist ihm klar, wie viel Arbeit es bedeutet, einen Beruf zu haben.

Jetzt ist es wichtig, dass er den Beruf auch mag und gern ausüben möchte, jeden Tag acht Stunden.

„Ich möchte Lehrer werden, auf jeden Fall möchte ich etwas mit Menschen zu tun haben.", denkt er jetzt.

„Arzt ist auch ein guter Beruf, aber ich kann kein Blut sehen."

Also studiert er jetzt an einer pädagogischen Hochschule.

Ich denke, dass der Beruf zu ihm passt und hoffe, dass er glücklich wird.

Markieren Sie im Text:

1. Was wollte Peter mit sechs Jahren werden?

2. Warum wollte er Popsänger oder Fußballspieler werden?

3. Warum möchte er nicht Arzt werden?

4. Wo studiert er jetzt?

5. Passt der Beruf des Lehrers zu Peter?

2. Was wollten Sie als Kind werden? Was wollten Sie später werden? Erzählen Sie.

3. Lesen Sie den Text noch einmal. Sind diese Sätze richtig oder falsch?

1. Kleine Jungen finden Feuerwehrautos toll.

2. Fußballspieler verdienen nicht viel Geld.

3. Peter möchte einen Beruf, der mit Menschen zu tun hat.

4. Ein Arzt muss auch Blut sehen können.

5. Peter studiert jetzt an der Technischen Hochschule.

4. Perfekt und Präteritum

Schreiben Sie diese Sätze aus dem Text im Präteritum.

Beispiel: Ich habe Peter gefragt. – Ich fragte Peter.

1. Er hat gesagt: Feuerwehrmann.

- ....

2. Er hat große Maschinen toll gefunden.

- ....

3. Er hat an der Hochschule studiert.

- ....

14. Post von der Ausländerbehörde

Layla hat einen Brief von der Ausländerbehörde bekommen. Es geht um die Verlängerung ihrer Aufenthaltserlaubnis. Im Brief steht, dass noch Unterlagen fehlen.

Sie geht zu ihrer Nachbarin Sabine und fragt: „Kannst du mir bitte erklären, was in dem Brief steht? Ich muss zur Ausländerbehörde gehen und Unterlagen bringen, das habe ich verstanden. Aber was genau?"

Sabine liest den Brief und erklärt: „Du musst ein aktuelles biometrisches Passfoto bringen. Wann hast du zuletzt ein Passfoto machen lassen?"

Layla überlegt. „Das ist bestimmt 5 Jahre her."

„Dann musst du zum Fotografen gehen und ein neues machen lassen. Der weiß, wie es aussehen muss.

Außerdem brauchst du noch Einkommensnachweise beider Ehegatten. Das heißt, du musst die Lohnabrechnungen von den letzten 3 Monaten mitbringen, von dir und deinem Mann."

„Gut.", sagt Layla. „Und was noch?"

„Nur noch den Mietvertrag für deine Wohnung."

„Ja, das ist kein Problem. Den Mietvertrag habe ich in einem Ordner. Wann muss ich die Sachen hinbringen?"

„Hier steht, innerhalb von 10 Tagen. Du kannst also gleich morgen gehen oder später, aber nicht später als 10 Tage."

„Gut, dann gehe ich gleich morgen. Danke, Sabine."

„Bitte. Trinkst du noch einen Kaffee mit mir?"

„Ja, gern."

1. Markieren Sie im Text:

1. Von welchem Amt hat Layla Post bekommen?

2. Was hat Layla verstanden?

3. Welche drei Dokumente muss Layla mitbringen?

4. Wann hat sie zuletzt ein Passfoto machen lassen?

5. Wann muss sie die Unterlagen mitbringen?

2. Erzählen Sie. Von welchen Ämtern bekommen Sie Post? Verstehen Sie alles oder bekommen Sie Hilfe?

3. Lesen Sie den Text noch einmal. Sind diese Sätze richtig oder falsch?

1. Layla geht zu ihrer Nachbarin Susanne.

2. Das Foto muss aktuell und biometrisch sein.

3. Layla muss Lohnabrechnungen mitbringen.

4. Sie muss ihren Arbeitsvertrag mitbringen.

5. Sabine und Layla trinken noch Kaffee.

4. Schreiben Sie Sätze mit „dass".

Sabine sagt: „Du musst ein Foto mitbringen."

Sabine sagt, dass Layla ein Foto mitbringen muss."

1. Sabine sagt: „Du musst zum Fotografen gehen."

....

2. Sabine sagt: "Du kannst einen Kaffee trinken."

....

15. Verkehrsmittel

Gestern habe ich drei Freunde getroffen. Wir waren im Stadtcafé und haben Kaffee und Tee getrunken und Kuchen gegessen.

Lisa hat gesagt: „Ich möchte gern ein Auto kaufen. Im Moment fahre ich mit dem Zug zur Arbeit. Es ärgert mich, dass der Zug so oft Verspätung hat und ich dann zu spät komme. Mein Chef hat schon gesagt, dass er das nicht gut findet."

Ralf wollte wissen: „Möchtest du dir ein Elektroauto kaufen oder einen Benziner?"

„Ich weiß nicht.", hat Lisa geantwortet. „Ich habe Angst, dass ich mal vergesse, aufzuladen und dann stehe ich irgendwo und komme nicht weiter. Benzin kann man überall bekommen."

„Ja, stimmt.", hat Sabine gesagt. „Das ist immer noch ein Problem. Deshalb habe ich ein ganz normales Auto."

Martin hat gemeint: „Ich weiß nicht, was ihr für Probleme habt. Ich komme mit dem Fahrrad zur Arbeit. Da muss man eben sportlich sein und trainieren. Und im Winter, wenn es wirklich mal zu kalt ist, fahre ich mit dem Bus."

„Ich habe ja Glück.", habe ich da gesagt. „Meine Arbeit ist nicht weit weg. Nur drei Haltestellen mit der Straßenbahn. Schon bin ich am Krankenhaus. Ich nehme das Auto nur zum Einkaufen und am Wochenende für Ausflüge. Und wenn wir bei diesem Thema sind: Was macht ihr diesen Sonntag? Habt ihr Lust auf einen schönen Ausflug an den See? Das Wetter soll gut werden."

„Super.", haben alle gemeint. „Das machen wir. Und wie fahren wir dort hin? Mit dem Auto, mit dem Bus oder mit dem Fahrrad?"

1. Markieren Sie im Text:

1. Wie viele Personen habe ich gestern getroffen?

2. Wer möchte sich ein neues Auto kaufen?

3. Welches Problem gibt es bei einem Elektroauto?

4. Wer fährt mit dem Fahrrad?

5. Wohin möchten die Freunde einen Ausflug machen?

2. Welche Verkehrsmittel benutzen Sie? Was sind die Vorteile und Nachteile?

3. Lesen Sie den Text noch einmal. Sind diese Sätze richtig oder falsch?

1. Lisa fährt im Moment mit dem Zug zur Arbeit.

2. Dem Chef gefällt es nicht, dass sie oft zu spät kommt.

3. Martin fährt mit dem Motorrad zur Arbeit.

4. Ich arbeite im Krankenhaus.

5. Am Sonntag soll es regnen.

4. Schreiben Sie Sätze im Perfekt.

Beispiel: gestern – spazieren gehen – wir

Gestern sind wir spazieren gegangen.

1. gestern – Fahrrad fahren – ich

....

2. gestern – arbeiten – im Krankenhaus – er

....

16. Der Betriebsausflug

Firma Flott möchte einen Betriebsausflug planen. Herr Hepp organisiert die Fahrt und sucht im Internet nach schönen Plätzen in der Umgebung.

Er liest: „Fischrestaurant am See, Spezialitäten aus eigener Fischzucht, in schöner Umgebung am Waldsee. In der Nähe gibt es einen Golfplatz und eine historische Eisenbahn."

„Das klingt gut.", denkt er. Er fragt Kollegen und sie finden die Idee super. Es ist nicht so weit, nur 25 km, und das Restaurant hat ein Nebenzimmer. Er ruft im Lokal an. Das Nebenzimmer für 20 Personen ist im nächsten Juli noch frei. Er ruft beim Golfplatz an und reserviert dort eine Golfausrüstung und Trainingsstunden für den Vormittag.

„Am Nachmittag können wir dann eine Wanderung machen.", denkt er.

Er schreibt eine Mitteilung an alle Mitarbeiter.

....

Liebe Kolleginnen und Kollegen,

wir möchten Sie herzlich zu unserem Betriebsausflug einladen und uns damit für die gute Arbeit bedanken, die Sie geleistet haben.

Programm:

9.45 Uhr am Parkplatz Firma Flott

10.00 Uhr Abfahrt mit dem Bus zum Waldsee.

Ab 10.30 Uhr golfen

12.30 Uhr Mittagessen im Restaurant „Forelle"

Es gibt Fischspezialitäten. Wer keinen Fisch essen will, bitte vorher melden. Wir bestellen dann etwas anderes.

Am Nachmittag Fahrt mit der historischen Eisenbahn und Wanderung zurück

16.00 Uhr Kaffeetrinken im Restaurant „Forelle"

17.30 Uhr Rückfahrt mit dem Bus.

Wir freuen uns auf Ihre Teilnahme.

1. Markieren Sie im Text:

1. Wer organisiert den Betriebsausflug?

2. Finden die Kollegen die Idee gut?

3. Ist der Waldsee sehr weit?

4. Müssen alle Mitarbeiter Fisch essen?

5. Wann ist die Rückfahrt?

2. Haben Sie schon einmal einen Betriebsausflug gemacht? Einen anderen Ausflug? Wohin?

3. Lesen Sie den Text noch einmal. Sind diese Sätze richtig oder falsch?

1. Im Nebenzimmer ist für 30 Personen Platz.

2. Am Vormittag wollen die Mitarbeiter Golf spielen.

3. Am Nachmittag gibt es eine Fahrt mit einer alten Eisenbahn.

4. Die Mitarbeiter wandern zurück zum Restaurant.

5. Der Bus bringt sie zurück zum Parkplatz der Firma Flott.

17. Die Stadtrundfahrt

Ich bin zum ersten Mal in Berlin. Ich habe nicht viel Zeit und möchte viel sehen. Da ist es sehr empfehlenswert, eine Stadtrundfahrt zu machen. Vor dem Hauptbahnhof steige ich in den Bus.

„Meine Damen und Herren, hier sehen Sie den Berliner Hauptbahnhof. Er wurde 2006 fertig und dort steigen jeden Tag etwa 300 000 Menschen ein, aus oder um. Der Bahnhof hat mehr als eine Milliarde Euro gekostet.

Nun sehen Sie das Regierungsviertel: das Reichstagsgebäude und das Kanzleramt. Sie können gern aussteigen und den Bundestag und das Kanzleramt besichtigen, wo unsere Gesetze erlassen werden. Sie können mit dem nächsten Bus weiterfahren.

Von der Berliner Mauer ist nicht mehr viel übrig. Als 1989 die Mauer fiel und die Grenzen geöffnet wurden, haben sich viele Menschen ein Stück davon mit nach Hause genommen. Sie wollten eine Erinnerung an diese Mauer, die so lange die beiden deutschen Staaten, die DDR und die BRD geteilt hat.

Hier sehen Sie das Holocaust-Denkmal, das an die vielen Opfer des Nazi-Regimes erinnert. Dort sind nur viele, viele Steine. Man kann durch die Reihen laufen und man fühlt sich ganz klein.

Das Brandenburger Tor ist ein Symbol für Berlin. Viele Jahre lang konnte man nicht durch das Tor gehen, denn es teilte zwei Staaten. Heute finden dort Feste statt, zum Beispiel am 3. Oktober zum Tag der Deutschen Einheit.

Die Busfahrt endet wieder am Hauptbahnhof. Wir wünschen Ihnen noch einen schönen Aufenthalt in Berlin.

1. Markieren Sie im Text:

1. Wie oft war ich schon in Berlin?

2. Wann wurde der Berliner Hauptbahnhof fertig?

3. Ist die Berliner Mauer noch zu sehen?

4. Woran erinnert das Holocaust-Denkmal?

5. Welches Bauwerk ist ein Symbol für Berlin?

2. Welche Stadt haben Sie schon besichtigt? Erzählen Sie.

3. Lesen Sie den Text noch einmal. Sind diese Sätze richtig oder falsch?

1. Der Berliner Hauptbahnhof hat mehr als eine Milliarde Euro gekostet.

2. Man darf bei der Stadtrundfahrt nicht aussteigen.

3. Heute finden am Brandenburger Tor Feste statt.

4. Die Berliner Mauer ist noch vollständig erhalten.

5. Man kann auch das Kanzleramt besichtigen.

4. Welches Verb passt? Setzen Sie es in der richtigen Form ein:

mitnehmen – erinnern – aussteigen – öffnen

1. Man kann im Regierungsviertel ....

2. Viele Menschen haben ein Stück von der Berliner Mauer

....

3. 1989 wurden die Grenzen zwischen der DDR und der BRD

....

4. Das Holocaust-Denkmal .... an die Opfer des Nazi-Regimes.

18. Gespräch am Arbeitsplatz

„Guten Morgen, Anja. Wie geht es deiner Tochter? Ist sie wieder gesund?"

„Nein, leider nicht, Nadia. Ich weiß nicht, was ich machen soll. Meine Mutter kümmert sich um sie, aber morgen Nachmittag hat Mama einen Arzttermin. Könntest du vielleicht morgen am Nachmittag für mich einspringen? Du hast doch frei."

„Ich muss überlegen. Normalerweise habe ich mittwochs Sport, aber das muss nicht unbedingt sein. Ja, das geht. Ich kann morgen für dich Vertretung machen."

„Toll! Vielen Dank. Dann kann ich an einem anderen Tag für dich arbeiten."

„Was muss ich denn morgen genau machen? Kannst du mir das erklären?"

„Das Wichtigste sind die Telefonate mit den Kunden. Du musst ihre Bestellungen aufnehmen und im Computer eingeben. Du brauchst keine Beratung zu machen. Sage ihnen, dass ich am Freitag wieder da bin und dann ihre Fragen beantworten kann."

„Gut, das mache ich."

„Und wenn wirklich etwas ganz Dringendes gefragt wird, was du nicht weißt, dann sollen sie bei Frau Kaufmann in der Exportabteilung anrufen. Sie kennt sich auch sehr gut mit unserem Sortiment aus."

„Ja, danke. Das schaffe ich."

„Danke nochmal. Ich sage dem Chef Bescheid."

1. Markieren Sie im Text:

1. Welches Problem hat Anja?

2. Warum kann sich Anjas Mutter morgen nicht um die Enkeltochter kümmern?

3. Was macht Nadia normalerweise am Mittwochnachmittag?

4. Was ist das Wichtigste bei Anjas Arbeit?

5. Wer kann auch Auskunft geben?

2. Haben Sie Erfahrung mit einer solchen Situation? Haben Sie schon Vertretung gemacht oder hat jemand Sie vertreten?

3. Lesen Sie den Text noch einmal. Sind diese Sätze richtig oder falsch?

1. Normalerweise hat Nadia am Mittwochnachmittag Sport.

2. Sie kann die Vertretung nicht machen.

3. Nadia muss bei den Kunden auch Beratung machen.

4. Frau Kaufmann in der Exportabteilung kennt das Sortiment der Firma.

5. Anja sagt dem Chef Bescheid.

4. Schreiben Sie Fragen im Konjunktiv 2:

Beispiel: die Vertretung machen – du

Könntest du die Vertretung machen?

1. mit den Kunden telefonieren – du

....

2. die Bestellungen aufnehmen – du

....

19. Geschenke

Was schenken wir unseren Familienmitgliedern zu Weihnachten? Jedes Jahr dieselbe Frage. Sie haben doch eigentlich alles. Wenn ich etwas kaufe, das mir gefällt, freut sich vielleicht der Empfänger nicht. Wenn ich nur Geld schenke, ist das zu unpersönlich und nicht nett. Was soll ich da machen?

Meine Tochter Katrin hat entschieden, dass sie jedes Jahr nur Kalender schenkt: Taschenkalender, Terminkalender, Fotokalender. Der Nachteil ist, dass wir alle schon wissen, was wir geschenkt bekommen. Es ist keine wirkliche Überraschung mehr. Meine Tochter Sara schenkt gern Schmuck. Ich habe einige sehr schöne Ketten und Ohrringe in den letzten Jahren bekommen.

Ich selbst schenke gern Geld, weil ich immer bis kurz vor Weihnachten viel arbeite und sehr wenig Zeit habe, in Geschäfte zu gehen. Das Geld stecke ich in eine schöne Karte und lege es zu einem kleinen Geschenk wie Schreibwaren, Süßigkeiten oder Dekoartikel. Dann können die anderen sich selbst kaufen, was ihnen gefällt.

Das Schönste an Weihnachten ist aber in unserer Familie das gemeinsame Abendessen am 24. Dezember. Nach dem Essen packen wir dann unsere Geschenke aus und freuen uns an dem Beisammensein.

1. Markieren Sie im Text:

1. Welche Frage stellen wir uns jedes Jahr im Dezember?

2. Was schenken meine Töchter gern?

3. Warum schenke ich gern Geld?

4. Wohin stecke ich das Geld?

5. Was ist das Schönste am Weihnachtsfest in unserer Familie?

2. Welche Feste feiert Ihre Familie? Gibt es Geschenke? Wie feiert man?

3. Lesen Sie den Text noch einmal. Sind diese Sätze richtig oder falsch?

1. Wenn ich nur Geld schenke, ist das unpersönlich.

2. Meine Töchter schenken gern Schokolade und Kosmetik.

3. Das Essen am 25. Dezember ist das schönste für unsere Familie.

4. Nach dem Essen packen wir die Geschenke aus.

5. Wir freuen uns über das Beisammensein.

4. Was passt? Ergänzen Sie:

Schmuck – Geld – schenken – Kalender – gefällt

1. Zu Weihnachten möchten wir den anderen etwas ....

2. Es ist unpersönlich, nur .... zu schenken.

3. Was mir gut ...., muss nicht unbedingt auch anderen gefallen.

4. Im Dezember kauft man ...., weil bald das neue Jahr beginnt.

5. Auch .... ist ein beliebtes Geschenk.

20. Wir planen eine Fahrradtour

„Wollen wir am Wochenende eine Radtour machen?"

„Warum nicht? Das Wetter soll ja schön werden, die Sonne scheint, aber es ist nicht zu heiß. Wohin sollen wir fahren?"

„Ich dachte mir, wir fahren zum Silbersee, dort können wir auch schwimmen. Was meinst du?"

„Oh ja, da war ich schon lange nicht mehr. Dort gibt es auch ein Café, wo wir etwas essen können, nicht wahr?"

„Dann müssen wir nur Wasser und etwas Obst mitnehmen. Wir können im Strandcafé einen Hamburger oder Hähnchen essen. Wenn wir schon mal dort sind, möchten wir ja auch den ganzen Tag bleiben. Wie viele Kilometer sind es bis zum See?"

„Ich denke, so 25 km. Wann möchtest du fahren? Am Samstag oder am Sonntag?"

„Lieber am Sonntag. Am Samstag muss ich einkaufen und Wäsche waschen und noch die Wohnung aufräumen. Um wieviel Uhr sollen wir abfahren?"

„Vielleicht um 9 Uhr? Da müssen wir nicht so früh aufstehen, aber wir haben für die Fahrt genug Zeit."

„Das klingt gut. Wir treffen uns mit den Fahrrädern am Park um 9 Uhr. Okay?"

„Okay, das machen wir."

1. Markieren Sie im Text:

1. Wie wird das Wetter am Wochenende?

2. Wo können wir etwas essen?

3. Warum fahren wir lieber am Sonntag?

4. Wie weit ist es bis zum Silbersee?

5. Wo treffen wir uns?

2. Fahren Sie gern Fahrrad? Haben Sie ein Fahrrad? Wenn nicht, was machen Sie gern am Wochenende, wenn das Wetter schön ist?

3. Lesen Sie den Text noch einmal. Sind diese Sätze richtig oder falsch?

1. Wir können am Silbersee schwimmen.

2. Im Café gibt es auch Hamburger.

3. Wir nehmen einen Kuchen mit.

4. Am Samstag muss man einkaufen.

5. Wir treffen uns um 10 Uhr.

4. Wo passen diese Ausdrücke? Was steht im Text? Ergänzen Sie:

Was meinst du? – Ich denke – Warum nicht? –

Okay, das machen wir. – Vielleicht um 9 Uhr?

1. Wollen wir einen Ausflug machen? - ....

2. Treffen wir uns am Park? - ....

3. Wir fahren zum Silbersee. ....

4. Um wieviel Uhr sollen wir abfahren? ....

5. Wie viele Kilometer sind es bis zum See?

................................., so 25 Kilometer.

Lösungen:

1. Streit im Haus

1. Markieren Sie:

1. Was ist das Problem? Die Mutter macht ihre Teppiche jede Woche sauber und schüttelt sie über meiner Terrasse aus.

2. Warum gefällt mir die Wohnung? Sie ist hell und hat eine große Terrasse. Die Wohnung ist auch nicht zu teuer, die Miete mit Nebenkosten ist günstig.

3. Was hat die Hausverwaltung gemacht? Die Hausverwaltung hat eine Mitteilung an alle Mieter geschrieben und in den Hausflur gehängt.

4. Wo war ich mit meinen Gästen bei meinem Geburtstag? Ich war mit meinen Gästen draußen auf der Terrasse.

5. Ist das Problem jetzt gelöst? Ich glaube nicht, dass sich dadurch etwas ändert.

3. Sind diese Sätze richtig oder falsch? 1 r, 2 f, 3 r, 4 f, 5 r, 6 r

4. Schreiben Sie die Sätze im Perfekt:

Ich habe mit der Familie geredet.

Die Hausverwaltung hat an alle Mieter geschrieben.

Die Nachbarin hat ihren Teppich ausgeschüttelt.

2. Wann kommt ihr zum Essen?

1. Markieren Sie.

1. Wann isst die deutsche Familie zu Mittag? Mittags zwischen 12 und 14 Uhr essen wir warmes Essen.

2. Was essen und trinken sie am Nachmittag?

Am Nachmittag zwischen 15 und 16 Uhr trinken wir Kaffee und essen dazu oft ein Stück Kuchen.

3. Ist das Abendessen warm?

Da essen wir Brot mit Butter, Käse, Wurst und Tomaten oder Gurken. (kalt)

4. Wann frühstückt die tunesische Familie am Sonntag?

So um halb 11.

5. Warum soll man bei scharfem Essen kein Wasser trinken?

Dann wird es noch schlimmer.

3. Sind diese Sätze richtig oder falsch? 1 r, 2 f, 3 r, 4 r, 5 r

4. Schreiben Sie die Sätze im Imperativ.

Kocht eine Suppe! Kauf Tomaten! Frühstückt im Wohnzimmer! Gib mir einen Teller! Bringt eine Gabel!

3. Guter Rat

1. Markieren Sie.

1. Wie viele Personen hat dieser Mensch um Rat gefragt?

Andreas, Marion, meine Mutter, meine Schwester, mein Freund Ali (5)

2. Was ist power napping?

Ein kurzer Schlaf von maximal 20 Minuten.

3. Was hat der Erzähler der Geschichte jetzt für ein Problem?

Ich habe keine Zeit mehr, zur Arbeit zu gehen.

4. Welcher Rat gefällt Ihnen am besten? (individuelle Antwort)

3. Beantworten Sie diese Fragen:

1 nein, 2 jeden Tag, 3 20 Minuten, 4 gesund: Gemüse, Salat, wenig Fleisch

4. Schreiben Sie Ratschläge.

1. Walter sagt, ich soll immer pünktlich sein.

2. Mein Bruder sagt, ich soll anrufen.

3. Der Lehrer sagt, ich soll neue Wörter lernen.

4. Meine Tochter sagt, ich soll ein Eis kaufen.

5. Fatima sagt, ich soll Brot kaufen.

4. Das Praktikum

1. Markieren Sie.

1. Woher kommt Said? Said kommt aus Marokko.

2. Wo macht er ein Praktikum? Im Krankenhaus.

3. Warum duzt er die Kollegen?

Die Kollegen sagen: Wir sagen alle du, du kannst uns auch duzen.

4. Was macht er im Krankenhaus am Morgen?

Dann soll er das Frühstück an die Patienten verteilen. Manche brauchen Hilfe beim Essen. Manche bekommen Medikamente. Er macht Betten und duscht Patienten.

3. Sind diese Sätze richtig oder falsch?

1 f, 2 r, 3 r, 4 f, 5 r, 6 r

4. Schreiben Sie die Sätze im Perfekt.

Said hat Medikamente verteilt.

Er hat Betten gemacht.

5. Meine Schulzeit

1. Markieren Sie.

1. Wie viele Jahre bin ich in die Grundschule gegangen? Vier Jahre lang.

2. Waren alle Lehrer im Gymnasium nett?

Nicht alle Lehrer waren so nett.

3. Welchen Beruf wollte ich lernen, als ich 16 Jahre alt war?

Ich schickte eine Bewerbung an eine Schule für Krankengymnastik.

(Krankengymnastin)

4. Wie viele Plätze gab es an der Schule? Nur 10 Plätze.

5. Wo habe ich dann studiert? An der Pädagogischen Hochschule.

6. Welche Fächer hatte ich am liebsten? Deutsch und Kunst.

3. Sind diese Sätze richtig oder falsch? 1 r, 2 f, 3 f, 4 f, 5 r, 6 r

4. Setzen Sie diese Wörter an den passenden Stellen ein:

1. studiert 2 gelernt 3 gezeichnet 4 gemacht 5 geschickt

6. Feste durch das Jahr

1. Markieren Sie:

1. Was für ein Tag ist der 14. Februar? Valentinstag

2. Was macht man im Karneval?

Menschen verkleiden sich in bunten Kostümen.

3. An welchen Wochentagen ist Ostern?

Ostern ist immer an einem Sonntag und Montag.

4. An welchem Tag machen die Leute Witze?

Am 1. April machen die Leute Witze miteinander.

5. Wann ist in Deutschland der Nikolaustag?

Am 6. Dezember ist in Deutschland Nikolaustag.

3. Sind diese Sätze richtig oder falsch?

1 r, 2 f, 3 f, 3 f, 4 r, 5 r

4. Ordnen Sie zu:

Ostern: Frohe Ostern!

Halloween: Süßes oder Saures!

Weihnachten: Fröhliche Weihnachten!

Neujahr: Ein gutes neues Jahr!

1. April: April, April!

7. Der Einkauf in der Stadt

1. Markieren Sie.

1. Warum braucht Frau Meier ein neues Kleid?

Dort finde ich sicher etwas für die Hochzeit von meiner Schwester.

2. Was denkt Herr Meier?

Hoffentlich gibt sie nicht so viel Geld aus.

3. In welche Geschäfte geht Frau Meier?

In ein Kaufhaus. In eine kleine Boutique.

4. Ist das Kleid teuer?

Es hat vorher 189 € gekostet, jetzt nur noch 79 €.

5. Was braucht Frau Meier jetzt noch?

Jetzt brauche ich aber noch passende Schuhe.

3. Sind diese Sätze richtig oder falsch?

1 f, 2 r, 3 f, 4 r, 5 f

4. Setzen Sie ein.

1 uns   2 mir   3 ihnen   4 dir

8. Gesundheit und Fitness

1. Markieren Sie.

1. Wie oft geht Martin ins Fitnessstudio? Jeden Tag eine Stunde.

2. Treibt Samir auch Sport?

Ich gehe jeden Tag eine Stunde ins Studio.

3. Wie viel kostet eine Probestunde im Studio?

Eine Probestunde ist kostenlos.

4. Muss man in diesem Studio einen Zeitvertrag abschließen?

Ohne Zeitvertrag.

5. Möchte Samir eine Probestunde machen?

Ok. Ich komme heute mal mit.

3. Sind diese Sätze richtig oder falsch?

1 r, 2 f, 3 r, 4 f, 5 r

4. Schreiben Sie Sätze.

1. Ich gehe in die Schule.

2. Ich gehe ins Rathaus.

3. Ich gehe in den Park.

4. Ich gehe ins Kino.

5. Ich gehe ins Restaurant.

9. Die Hochzeitsreise

1. Markieren Sie.

1. Wie heißt die Hochzeitsreise auf Deutsch?

Flitterwochen sagt man in Deutschland.

2. Wohin möchte Fatima reisen?

Fatima sagt: Ich möchte in ein Land reisen, wo es schön warm ist.

3. Warum möchte Farid nicht ans Mittelmeer reisen?

Farid sagt: Das ist zu teuer. Ich kann nicht so viel bezahlen.

4. Warum können sie nicht ins Ausland reisen?

Plötzlich kommt die Corona-Pandemie. Hotels und Pensionen sind geschlossen.

5. Kommen viele Leute zur Hochzeit?

Nicht so viele Leute kommen.

3. Sind diese Sätze richtig oder falsch?   1 r, 2 f, 3 f, 4 r, 5 f

4. Schreiben Sie Nebensätze mit weil.

Farid will nicht ans Mittelmeer fahren, weil es zu teuer ist.

Fatima will ans Mittelmeer fahren, weil es romantisch ist.

10. Ein Fest im Kindergarten

1. Markieren Sie.

1. Wann haben wir die Einladung bekommen?

Heute haben wir diese Einladung bekommen.

2. Was für ein Fest veranstaltet der Kindergarten?

Ein großes Sommerfest.

3. Was gibt es zu essen und zu trinken?

Es gibt Würstchen vom Grill und Salate, und später Kaffee und Kuchen.

4. Was sollen die Eltern tun?

Bitte sagen Sie uns Bescheid, wenn Sie einen Salat oder einen Kuchen mitbringen können. Können Sie auch in der Küche helfen oder im Garten bei den Spielen?

5. Was kann ich machen?

Ich kann einen Apfelkuchen backen und eine Stunde mithelfen.

3. Sind diese Sätze richtig oder falsch?   1 f, 2 r, 3 f, 4 f, 5 f

4. Schreiben Sie Sätze mit wenn.

1. Sagen Sie Bescheid, wenn Sie einen Kuchen mitbringen.

2. Schreiben Sie auf die Liste, wenn Sie einen Salat machen.

3. Rufen Sie an, wenn Sie mithelfen können.

4. Schreiben Sie eine Mail, wenn Sie nicht kommen können.

11. Die Senioren-WG

1. Markieren Sie.

1. Ist Angelika verheiratet? Sie ist Witwe.

2. Warum möchte sie nicht zu ihren Kindern ziehen?

Dort möchte sie nicht hinziehen, weil sie ihre Freunde und ihre Vereine vermissen würde.

3. Woher hat sie die Idee mit der Senioren-WG?

Sie hat einen Artikel über eine Senioren-WG in einer Zeitung gelesen.

4. Was machen die Frauen zusammen?

Sie haben viel Spaß beim Kochen. Am Abend sehen sie fern und erzählen sich gegenseitig Geschichten aus ihrem Leben.

5. Was denkt Angelika? Hoffentlich verstehen wir uns auch weiterhin so gut.

3. Sind diese Sätze richtig oder falsch? 1 r, 2 f, 3 r, 4 f, 5 r

4. Verbinden Sie:

Familie: Kinder erziehen

Wohngemeinschaft: Freunde leben zusammen

Singlehaushalt: allein essen

Partnerschaft: zwei Personen

12. Handy und Co.

1. Markieren Sie.

1. Heute haben viele Leute ein Navi. Heute hat man ein Navi.

2. Früher war es im Wartezimmer langweilig.

Beim Arzt im Wartezimmer war es langweilig.

3. Im Zug haben viele Leute ein Notebook dabei.

Heute blicken sie in ihr Notebook.

4. Fotografieren war früher sehr schwierig.

Zum Fotografieren brauchte man früher eine teure Kamera, ein Stativ, einen Film und viel Zeit.

5. Ich fotografiere unterwegs mit dem Handy.

Wenn ich am Weg eine schöne Blume sehe, hole ich schnell mein Handy heraus, das ich sowieso immer dabeihabe.

3. Sind diese Sätze richtig oder falsch? 1 f, 2 r, 3 r, 4 f, 5 r

4. Schreiben Sie.

Früher: Landkarte, Kamera, Lexikon, langweilig, aus dem Fenster schauen

Heute: Google, Navi, Handy, Notebook, WhatsApp

13. Die Berufswahl

1. Markieren Sie.

1. Was wollte Peter mit sechs Jahren werden?

Feuerwehrmann oder Müllmann

2. Warum wollte er Popsänger oder Fußballspieler werden?

Die verdienen sehr viel Geld.

3. Warum möchte er nicht Arzt werden?

Arzt ist auch ein guter Beruf, aber ich kann kein Blut sehen.

4. Wo studiert er jetzt?

Also studiert er jetzt an einer pädagogischen Hochschule.

5. Passt der Beruf des Lehrers zu Peter?

Ich denke, dass der Beruf zu ihm passt.

3. Sind diese Sätze richtig oder falsch? 1 r, 2 f, 3 r, 4 r, 5 f

4. Schreiben Sie Sätze im Präteritum.

1. Er sagte: Feuerwehrmann.

2. Er fand große Maschinen toll.

3. Er studierte an der Hochschule.

14. Post von der Ausländerbehörde

1. Markieren Sie.

1. Von welchem Amt hat Layla Post bekommen?

Layla hat einen Brief von der Ausländerbehörde bekommen.

2. Was hat Layla verstanden?

Ich muss zur Ausländerbehörde gehen und Unterlagen bringen, das habe ich verstanden.

3. Welche drei Dokumente muss Layla mitbringen?

Ein aktuelles biometrisches Passfoto, Einkommensnachweise beider Ehegatten, den Mietvertrag für deine Wohnung

4. Wann hat sie zuletzt ein Passfoto machen lassen?

Das ist bestimmt 5 Jahre her.

5. Wann muss sie die Unterlangen mitbringen?

Innerhalb von 10 Tagen.

3. Sind diese Sätze richtig oder falsch? 1 f, 2 r, 3 r, 4f, 5r

4. Schreiben Sie Sätze mit dass.

1. Sabine sagt, dass du zum Fotografen gehen musst.

2. Sabine sagt, dass du einen Kaffee trinken kannst.

15. Verkehrsmittel

1. Markieren Sie.

1. Wie viele Personen habe ich gestern getroffen?

Gestern habe ich drei Freunde getroffen.

2. Wer möchte sich ein Auto kaufen?

Lisa hat gesagt: Ich möchte gern ein Auto kaufen.

3. Welches Problem gibt es bei einem Elektroauto?

Ich habe Angst, dass ich mal vergesse, aufzuladen und dann stehe ich irgendwo und komme nicht weiter.

4. Wer fährt mit dem Fahrrad?

Martin hat gemeint: .... Ich komme mit dem Fahrrad zur Arbeit.

5. Wohin möchten die Freunde einen Ausflug machen?

Habt ihr Lust auf einen Ausflug an den See?

3. Sind diese Sätze richtig oder falsch? 1 r, 2 r, 3 f, 4 r, 5 f

4. Schreiben Sie Sätze im Perfekt.

1. Gestern bin ich Fahrrad gefahren.
2. Gestern hat er im Krankenhaus gearbeitet.

16. Der Betriebsausflug

1. Markieren Sie.

1. Wer organisiert den Betriebsausflug?

Herr Hepp organisiert den Betriebsausflug.

2. Finden die Kollegen die Idee gut?

Er fragt die Kollegen und sie finden die Idee super.

3. Ist der Waldsee sehr weit´

Es ist nicht so weit, nur 25 km.

4. Müssen alle Mitarbeiter Fisch essen?

Wer keinen Fisch essen will, bitte vorher melden. Wir bestellen dann etwas anderes.

5. Wann ist die Rückfahrt?

17.30 Uhr Rückfahrt mit dem Bus

3. Sind diese Sätze richtig oder falsch?

1 f, 2 r, 3 r, 4 r, 5 r

17. Die Stadtrundfahrt

1. Markieren Sie.

1. Wie oft war ich schon in Berlin? Ich bin zum ersten Mal in Berlin.

2. Wann wurde der Berliner Hauptbahnhof fertig? Er wurde 2006 fertig.

3. Ist die Berliner Mauer noch zu sehen?

Von der Berliner Mauer ist nicht mehr viel übrig.

4. Woran erinnert das Holocaust-Denkmal?

Hier sehen Sie das Holocaust-Denkmal, das an die vielen Opfer des Nazi-Regimes erinnert.

5. Welches Bauwerk ist ein Symbol für Berlin?

Das Brandenburger Tor ist ein Symbol für Berlin.

3. Sind diese Sätze richtig oder falsch? 1 r, 2 f, 3 r, 4 f, 5 r

4. Setzen Sie das Verb ein:

1. aussteigen

2. mitgenommen

3. geöffnet

4. erinnert

18. Gespräch am Arbeitsplatz

1. Markieren Sie.

1. Welches Problem hat Anja?

Ich weiß nicht, was ich machen soll. Meine Mutter kümmert sich um sie, aber morgen Nachmittag hat Mama einen Arzttermin.

2. Warum kann sich Anjas Mutter morgen nicht um die Enkeltochter kümmern?

Morgen Nachmittag hat Mama einen Arzttermin.

3. Was macht Nadia normalerweise am Mittwochnachmittag?

Normalerweise habe ich mittwochs Sport.

4. Was ist das Wichtigste bei Anjas Arbeit?

Das Wichtigste sind die Telefonate mit den Kunden.

5. Wer kann auch Auskunft geben?

Frau Kaufmann in der Exportabteilung

3. Sind diese Sätze richtig oder falsch? 1 r, 2 f, 3 f, 4 r, 5 r

4. Schreiben Sie Fragen im Konjunktiv 2.

1. Könntest du mit den Kunden telefonieren?

2. Könntest du die Bestellungen aufnehmen?

19. Geschenke

1. Markieren Sie.

1. Welche Frage stellen wir uns jedes Jahr im Dezember?

Was schenken wir unseren Familienmitgliedern zu Weihnachten?

2. Was schenken meine Töchter gern?

Meine Tochter Katrin hat entschieden, dass sie jedes Jahr nur Kalender

schenkt. Meine Tochter Sara schenkt gern Schmuck.

3. Warum schenke ich gern Geld?

Ich selbst schenke gern Geld, weil ich immer bin kurz vor Weihnachten viel arbeite

und sehr wenig Zeit habe, in Geschäfte zu gehen.

4. Wohin stecke ich das Geld?

Das Geld stecke ich in eine schöne Karte.

5. Was ist das Schönste am Weihnachtsfest?

Das Schönste am Weihnachtsfest ist aber in unserer Familie das gemeinsame

Abendessen am 24. Dezember.

3. Sind diese Sätze richtig oder falsch? 1 r, 2 f, 3 r, 4 r, 5 r

4. Ergänzen Sie. 1 schenken 2 Geld 3 gefällt 4 Kalender 5 Schmuck

20. Wir planen eine Fahrradtour

1. Markieren Sie.

1. Wie wird das Wetter am Wochenende?

Das Wetter soll ja schön werden, die Sonne scheint, aber es ist nicht zu heiß.

2. Wo können wir etwas essen?

Dort gibt es auch ein Café, wo wir etwas essen können.

3. Warum fahren wie lieber am Sonntag?

Am Samstag muss ich einkaufen und Wäsche waschen und noch die Wohnung

aufräumen.

4. Wie weit ist es bis zum Silbersee? Ich denke, so 25 km.

5. Wo treffen wir uns? Wir treffen uns mit den Fahrrädern am Park um 9 Uhr.

3. Sind diese Sätze richtig oder falsch?   1 r, 2 r, 3 f, 4 r, 5 f

4. Ergänzen Sie:

1. Warum nicht?

2. Okay, das machen wir.

3. Was meinst du?

4.Vielleicht um 9 Uhr?

5. Ich denke

Liebe Deutschlerner, Liebe Deutschlehrer,

diese kleine Sammlung an Lesegeschichten eignen sich gleichermaßen als Zusatzmaterial für den A2-Unterricht und zum Selbstlernen.

Die Themen und der Wortschatz entsprechen dem A2-Stoff.

Kleine Geschichten zu lesen macht den Lernern Spaß und festigt den Wortschatz. Gleichzeitig wird das Leseverstehen geschult, zuerst durch Markieren von Themen und Fragen, dann durch richtig /falsch- Aufgaben und schließlich gibt es noch kleine Wortschatz- oder Grammatikaufgaben.

Viel Erfolg beim Lernen wünscht euch allen
Gisela Darrah